Edition BAES

Zirl: Edition BAES 2020

Umschlag-Illustration: Christian Yeti Beirer
Layout: Alexander Augustin, Zirl
Herstellung: Books on Demand GmbH, Norderstedt

ISBN 978-3-9504833-7-6

Christoph Simon

Swiss Miniatur

Kleine Prosa

Edition BAES

Statt eines Vorworts

Lieber Elias!

Gern wäre ich der Verfasser eines Romans mit dem Untertitel „Great Swiss Novel“: Ein breit gefächertes Sittengemälde. Formvollendet wie das Bourbaki Panorama in Luzern. Den Bogen schlagend von der Moral des Geldes in Zürich, vom Ehrgeiz im Nationalen Sportzentrum Magglingen, bis hinauf zum Existenzialismus in den nebelverhangenen Bergen. Ein „Heimatroman der unheimlichen Art“. Eine „literarische Expedition“. Eine Einschlafhilfe. 700 Seiten stark, ein bereits nach dem Erscheinen vergessenes Meisterwerk.
Aber die lange Form fand sich nicht. Nun stehe ich da mit kleiner Prosa. Luftig, leicht und kurz. 70 Seiten dünn, schon vor dem Einschlafen ausgelesen. Immerhin noch immer maximal schweizlastig – ideal für einen österreichischen Verlag und seinen Verleger, der mal behauptet hat: „Ab hundert verkauften Exemplaren wird's langweilig.“
Verlegst Du die Geschichten?

Hoffnungsvoll, Dein Christoph

I. TEIL

Winterfrischler

An der zweiten Zapfsäule von Lobsigers Tankstelle (PNEUS, BATTERIEN, GLÜHWEIN) kümmerte sich Lobsiger um ein sicherheitsbedürftiges Paar im Volvo-Kastenwagen. Die Frau hatte eine Jean-Claude Killy-Skimütze über den Kopf gezogen. Der Mann, mit einer Sonnenbrille am Lederband, streckte Lobsiger ein Ohr entgegen und rollte die Hand zu einem Trichter zusammen. Er lauschte angestrengt, was Lobsiger ihm über die Beläge der Bergstrassen mitzuteilen hatte. „Kommt drauf an. Wohin wollen Sie?“

Durch das halb heruntergekurbelte Fenster strömte warme Luft heraus, es duftete nach feuchtem Hund. Höflich gaben der Mann und die Frau Auskunft über Ziel (Grindelwald) und Herkunft (Niedersachsen). Lobsiger nickte. Im Heck des Volvos heulte ein Hund. Lobsiger begann, seinen „lebensrettenden“ Winterreifen-Verleih zu propagieren. Der Mann fragte besorgt, ob denn auch die Hauptstrasse vereist wäre. Lobsiger lachte einheimisch überlegen. „Hauptstrasse? Was für eine Hauptstrasse?!“

Die Frau auf dem Beifahrersitz schien von Beginn weg eingenommen von Lobsigers Vorschlag, ihre Falken-Reifen gegen Continental-Spikes einzutauschen. „Sicherheit darf kosten.“

Sie fand umgekehrt an Lobsigers Schuhwerk allerhand auszusetzen. Lobsiger trug Gummistiefel. Die Frau warf ihm eine Reihe ungelöster Probleme vor, besonders im Bereich des eigenen Wärmehaushalts. Er scheine sich kaum um die Gesundheit seiner Füsse zu sorgen, sagte sie, und fügte hinzu: „Was ein Auto trägt, das wissen Sie."

Lobsiger geriet in Verlegenheit. Neugummierung, Lenkgeometrie und die Vielgestaltigkeit von Alufelgen – das war sein Fach. Dieses Gespräch bog in eine Sackgasse. Zudem wurde ihm nun schmerzlich bewusst, wie sehr ihn die Kälte plagte, die ihm die dünnwandigen Gummistiefel hochkroch. „Zahlen Sie mit Karte?"

„Gummistiefel", sagte die Frau zu ihrem Mann, als sie eine halbe Stunde später winterbereift Grindelwald zusteuerten. „Man kann doch nicht im kniehohen Schnee in Gartenstiefeln herum waten. Der arme Kerl ging sozusagen barfuss!"

„Mobby winselt", sagte der Mann. „Hörst du?"

„Er heult", berichtigte sie. „Mobby heult. Du solltest wirklich deine Ohren untersuchen lassen, Liebling."

Wölfe

„Du, Alain, dein Pfadi-Leiter hat angerufen."

„Wurmfresser? Was wollte er denn?"

„Keine Ahnung, ich war nicht da. Er ist auf dem Telefonbeantworter."

„Was sagt er?"

„Dass er mich sprechen möchte. Morgen ruft er wieder an. Hast du eine Idee, was er will?"

„Nein."

„Hast du im Pfingstlager was angestellt?"

„Nicht, dass ich wüsste."

„Alain, es ist besser, wenn ich vorbereitet bin."

„Vielleicht wegen Stinkstiefel."

„Wer ist Stinkstiefel?"

„Ein Pfadeler vom Stamm Neubrück. Er lungerte vor unserem Biwak herum und knüpfte die Knoten unserer Blachen auf. Gebissen hat er auch, das Aas. Guck mal, hier!"

„Das war Stinktier?"

„Stinkstiefel."

„Warum hat er dich gebissen?"

„Biss geradewegs in meine Hand, und ich hab geschrien und Sachen gebrüllt! Sachen! Dass ich ihn verprügeln würde, dass er acht Tage nicht im Schneidersitz werde schnitzen können. Am ausgestreckten Arm habe ich ihn über das Brett beim Latrinenloch gehalten und liess ihn zappeln, bis er hoch und heilig versprach, nie mehr Wölflis wie mich zu quälen. Kaum liess ich ihn fallen, kam Wurmfresser angestürzt und nahm den stinkenden Stinkstiefel in die Arme."

„Ich verstehe. Du warst sehr zornig."

„Ja. Wenn ich endlich bei den Rovern bin, kaufe ich mir ein elektrisches Küchenmesser und schneide ihm die Daumen ab."

„Weil Stinktier dich gebissen hat."

„Stinkstiefel."

„Aber warum hat er dich gebissen?"

„Wegen der Haare, die ich ihm ausgerissen hab. Es musste sein. Er hat Wurmfresser und Bifidus verraten, wer im Baumhaus geraucht hat –" (Pause) „Aber es schmeckt mir nicht! Deswegen kann Wurmfresser nicht angerufen haben, das haben wir ja schon im Sarasani ausdiskutiert."

„Überleg mal, Alain."

„Tu ich die ganze Zeit. Bifidus' Hund leidet unter einer Scheinschwangerschaft."

„Wie bitte?"

„Bifidus' Mops hat ein Nest unter der Fahnenstange gebaut und Milch am Bauch gekriegt. Ehrlich. Wir sagten alle: 'Schau dir mal die kranke Missy an.' Bifidus nahm die eingebildete Schwangerschaft sehr ernst."

„Alain, wovon sprichst du bitte?"

„Bifidus war total durcheinander. Wir durften sie sogar zum Tierarzt begleiten. Während der Missy untersuchte, schlotterte der Hund vor Angst wie Mamis Vibrator, hat Senfgas gesagt, und der Tierarzt sagte, es gäbe nur zwei Möglichkeiten, die gute Missy gesund zu machen: entweder man liesse sie decken oder eine Operation."

„Gut, na schön. Was passiert mit dem Hund?"

„Wird operiert. Bifidus hat Angst, aber wir kümmern uns gut um den Hund, Senfgas, Avanti-Popolo und ich. Lesen ihm Lucky Luke vor und erzählen ihm, wie viele tausend Hunde letztes Jahr von ihren Besitzern ausgesetzt, oder im Wald angezündet oder einfach aus dem fahrenden Auto geworfen worden sind. 'Weisst du, Missy', sagen wir, 'vielleicht ist es ganz gut, dass du keine Kinder haben kannst. Dann kommen sie wenigstens nicht in die Hände von Sadisten mit verdorbenen Fantasien.'"

„Wenn ich bloss wüsste, weshalb dein Leiter bei uns angerufen hat."

„Vielleicht wegen dem Chilipulver? Aber dabei hat mich keiner gesehen."

„Was für Chilipulver, wo?"

„Auf dem WC-Papier der Jungschar auf dem Feld gegenüber."

„Und sowas machst du?"

„Ja, du früher nicht?"

„Langsam fürchte ich mich regelrecht davor, mit Wurmfresser zu sprechen. Wie geht's denn allgemein in der Pfadi?"

„Durchschnittlich, würd ich sagen."

„Spielst du auch mit den anderen Wölflis?"

„Wir schaukeln und rutschen die Baumstämme runter. Aber darf ich dir was sagen, Paps? Eigentlich möchte ich diese Spiele der Wölflis nur noch in der Dämmerung tun, bei Tag geniere ich mich vor den Rovern."

„Ach Alain, früher konnte ich dich aufs wippende Holzpferd setzen, und wenn ich vom Einkaufen zurückkam, hob ich dich vom leise schwankenden Pferd herab, wo du in vollkommenem Behagen ausgehalten ..."

„Paps. Hör auf."

„Wurdest du im Pfingstlager nicht getauft?"

„Neben dem Singkreis am Lagerfeuer war das DER Höhepunkt des Lagers."

„Und welchen Namen haben sie dir gegeben?"

„Sie verbinden dir die Augen und drücken dir eine Schnecke in die Hand, die sollst du essen." „Welchen Namen?"

„Innocent."

Hauptsaison

Wenn Maltz die Rechnungen seines Zustell- und Abholdiensts (ALLES FÜR KRANKE UND EINGESCHRÄNKTE) zu erdrücken drohten, erschloss er sich neue Einkommensquellen.

Er riss Raphaela aus ihren Tagträumen im Kostümverleih (ALLES FÜRS THEATER), und zusammen packten sie Dietriche, Diamantglasschneider, Taschenlampen-Akkus (ALLES FÜR'N BRUCH) in eine Tasche und machten sich auf in eine Gegend, deren Einwohner sich ans Mittelmeer oder auf einen Zermatter Wanderpfad verzogen hatten. Sie stiegen durch das Oberlicht der Garage ein, zogen die Vorhänge zu und drehten den Dimmer auf. Maltz durchsuchte die Kommoden, Vitrinen und Schatullen, während „draussen die Nacht ihr rauschendes Liedchen sang" (wie Raphaela sich poetisch auszudrücken pflegte). Schmuck, Silber und vergoldete Pokale internationaler Badmintonturniere verloren sich in Maltz' Tasche, sein Spiegelbild tauchte in der Diele, im Schlaf-, Wohn- und Esszimmer auf.

Im Dämmerlicht des Wohnzimmers lebte Raphaela ihre innenarchitektonische Ader aus: Sie trug den, ihrer Meinung nach deplatzierten Storchschnabel zum Fensterbrett und stellte die griechischen Vasen hoch aufs Bücherregal, wo sie kaum zu sehen waren. Dort kamen auch die restlichen (wertlosen) Badmintonpokale hin, und die Pfeifensammlung vergrub sie unterm Sofa. Raphaela langweilte sich rasend schnell. Sie fand eine Flasche unverschnittenen Whisky im Barschrank und trank sich im Polstersessel einen Rausch an. „Wenn sonst keiner da ist, kriegst du Platzangst", sagte sie (und meinte die Angst vor zu viel Platz). „Das ist nicht sehr mitreissend, wenn die Häuser leer stehen und die halbe Menschheit in der Toskana nach Luft schnappt."

„Leere Häuser", murrte Maltz. „Mein Gott, Raphaela, alles fürs Theater? Der Sommer ist unsere beste Zeit!"

Das Diplom

Was sollte Alexander mit seinen Beinen sonst anfangen? Irgendwie musste er die Tango- und Flamencolehrerausbildung zu Ende bringen. Er trippelte rastlos den Bürgersteig auf und ab, stierte die Front der Sport- und Tanzfabrik hoch und dachte darüber nach, ob es nicht möglich wäre, sich in die Abschlussklasse zu schmuggeln – einen Augenblick abzupassen, da die Empfangssekretärin ihm den Rücken zuwendete, um sich an ihr vorbeizustehlen. Er musste es versuchen. Alexander ging durch den Eingang und traf auf einen Senior vom Medizinballturnen, der sich scheinbar vorgenommen hatte, mit sauerstoffgefüllten Lungen abzutreten. Sie stiegen gemeinsam in den Aufzug und verwickelten sich in ein gymnastisches Fachgespräch. Die Empfangssekretärin hob den Kopf, als die Lifttür aufging und schien gespannt darauf zu warten, was Alexander vorbringen würde. Ihr kalter Blick drang ihm ins Fleisch wie ein Betäubungspfeil, er wurde angesichts dieser offensichtlich gnadenlosen Frau (und angesichts des Bündels roter Einzahlungsscheine, mit dem sie ihm zuwedelte) halb ohnmächtig vor Entsetzen. Er schob den Senior aus dem Aufzug und drückte auf 'Ausgang'. Die Empfangssekretärin blickte ihn an, bis die Lifttür sich endlich schloss. Wieder auf der Strasse, schnürte sich Alexander die Schuhe, ging grazil davon und nahm sich vor, es ohne Diplom zu schaffen. Und das würde er auch.

Romanze

Die Krankenpflegerin verschwand auf der Damentoilette, zu der Josef keine Zutrittsberechtigung hatte. Das hielt ihn jedoch nicht davon ab, ihr humpelnd zu folgen. Sie war eine verletzte Frau, und Josef wollte ihr helfen, nachdem ihr ein Assistenzarzt wegen einer Kompetenzüberschreitung die Nase blutig geschlagen hatte. Josef hatte im Flur des Spitals gesessen und das Gefecht mitverfolgt. Der Arzt hatte erst gewütet und sich dann entschuldigt und der Krankenpflegerin einen halben Jahreslohn versprochen, wenn sie den Vorfall für sich behielte.

Die Krankenpflegerin hiess Sibylle – Sibylle Rotzetter – aber alle im Spital nannten sie Pillchen, vielleicht, weil sie es öfters schaffte, Assistenzärzte in Rage zu versetzen wie eine Überdosis Aufputschmittel. Sie hatte ein paar Jahre lang die Bettwäsche in einem Blindenheim gewechselt, hatte schliesslich doch noch als Krankenpflegerin diplomiert, weil sie, soweit sie sich erinnern konnte, immer Spass daran gehabt hatte, Menschen aufzupäppeln, die in Schwierigkeiten steckten. Sibylle kümmerte sich rührend um die Patienten, erhöhte eigenständig die Dosis schmerzlindernder Medikamente und sah weg, wenn Kuriere durch die Hintertür hereinkamen mit Tragkisten voller Pizzen, alkoholfreiem Bier, Menthol-Zigaretten und Schokolademousse. Ihren Übernamen hatte Josef beim Warten auf seinen Röntgentermin aufgeschnappt.

Während er Pillchen die Damentoilette ausreden und die Notfallabteilung einreden wollte, reckte sie die misshandelte Nase gegen die Decke und atmete durch den Mund. Sie verlasse die Toilette nicht, weil sie nicht wolle, dass ihr jemand begegne und Fragen stelle, die sie ums Schweigegeld bringen könnten. Josef tischte ein paar derbe Komplimente auf. Er arbeitete in einer Brauerei, wo er unter ein paar Fässer geraten war und sich das Bein gebrochen hatte. Sibylle Rotzetter lachte zur Decke, die Nase in Toilettenpapier gehüllt. Sie schloss den mit Krücken bewehrten und ein paar Jahre älteren Josef sofort ins Herz, als er etwas unsicher, aber entschlossen die Damentoilette ausfüllte und sagte: „Pillchen, du behagst mir. Komm, geh mit mir zum Pfaff."

Rettungsschwimmer

„Mauro!“, rief Miranda und winkte aus dem Fenster. Er blickte zu ihr hoch, auf seiner Vespa im Leerlauf, mit einer, in die Haare gesteckten Sonnenbrille. Miranda stürmte aus dem Wohnsilo und schwang sich hinten drauf. Mauro reichte ihr seinen Helm.

„Tamihösch!“, sagte Miranda. „Parfum?“

„Aftershave.“

„Denim? Davidoff? Harley Davidson?“

Mauro hatte sich Koteletten wachsen lassen. Seine Hände auf dem Lenker waren gepflegt und sauber, und der Motorroller war ein glänzendes, schnittiges Raumschiff. Der Snoopy-Schlüsselanhänger, den ihm Miranda zum Abschluss der Weiterbildungsklasse geschenkt hatte, hing am Zündschlüssel. Sie fuhren die leere Zieglerstrasse hinunter zum Eigerplatz und hielten auf die Monbijoubrücke zu, nachdem Mauro seine Intuition nach der schnellsten Route nach Muri befragt hatte. Miranda quetschte sich fest an seinen breiten Rücken, hatte die Arme um seinen Bauch geschlungen und spielte mit den Knöpfen seines grün-weiss karierten Holzfällerhemds.

„Reiss mir die Kleider vom Leib, Baby!“, rief Mauro glücklich in den Wind. Er trug keinen Helm – er hatte nur den einen.

Dann waren sie da: schmiedeeiserne Tore, Jurakalkmauern, Sonnenuhren, Gartenhöfe, sanft zu den Villen ansteigende Rasenflächen.

Sie stiegen vom Roller, Mauro klappte den Sitz hoch, verstaute den Helm und kramte die Steinschleuder hervor.

„Wie war dein erster Tag in der Gewerbeschule? Ist das nicht ein langweiliger Haufen?"

Mauro nickte und sah sich nach einem geeigneten Mauervorsprung um. Sie stiegen in das Anwesen (Lilienschweife auf professionell betreutem Boden, Königskerzen, Biedermeierhaus), und suchten Deckung an einem kleinen Seerosenteich, hinter einer gelbblühenden Staude. Mauro hielt sich geduckt, Miranda folgte lässig.

„Meinst du, es wird dir gefallen, die ganze Zeit vor dem Bildschirm?", fragte Mauro, der die Augen zusammenkniff und zum Haus hinüberschaute. Die Sonnenbrille steckte in seiner Brusttasche.

Sie zuckte die Achseln. „Das Telefonieren ist okay, aber ich kann nicht tippen."

„Würdest du lieber unter einem Wagen liegen und dir die Nase an einem heissen Auspuff verbrennen?"

„Oh, du könntest als Rettungsschwimmer arbeiten. Im Marzili, wo du den Girls aus dem Wasser hilfst."

Mauro grinste, obwohl er es nicht mochte, wenn sie ihm dauernd mit anderen Mädchen kam. Es gab keine anderen.

„Hab ich dir erzählt, dass ich einen Brief von Zoran bekommen hab?"

„Einen Brief?!"

„Aus Sarajewo."

Mauro fischte einen Backstein aus dem Goldfischteich. Er wog den faustgrossen Brocken in der Hand. Von hinter der Mauer erreichten sie Strassenlärm, gellende Kinderstimmen, Vogelsang vom Vogelschutzreservat.

„Für ihn sei es leichter, in Sarajewo ganz von vorne anzufangen, als hier vorwärtszukommen. Er hat dauernd geschwänzt und ist mit seinen Kumpeln rumgezogen", sagte Miranda.

„Die hat er jetzt nicht mehr."

„Das ist das Traurige daran."

Mauro musterte die Fenster. Die beladene Schleuder kreiste wie ein Pendel über einer Wasserader.

„Miranda, ich hoffe, du hast einen wirklich guten Grund. Vielleicht erwischen sie uns, und dann lernst du das Tippen nie."

„Der Typ ist ein verdammter Grabscher. Wenn du's nicht machst, zerkratz ich ihm den Porsche."

„Schon gut, ich wollte nur ganz sicher gehen." Mauro wandte seinen Blick von Miranda ab und wählte das stattlichste Fenster aus.

„Ich hab Zoran so gut wie vergessen, im Fall", sagte Miranda.

„Klar." Mauro schleuderte den Stein ins Ziel. Die Fensterscheibe barst mit überraschend wenig Lärm.

Sie sprangen über die Kalksteinmauer und erreichten die Vespa am Ende der Strasse. Mauro blickte über die Schulter. Niemand verfolgte sie.

„Alles gut", sagte Mauro in der Hoffnung, Miranda erkenne die Gefahr, in die sie ihn hineingezogen und aus der er sie gerettet hatte. Sie fuhren zurück. Die Vespa glitt schnell und elegant durch den Freitagabendverkehr. Auf der Gegenseite kam ihnen ein Lieferwagen der Firma Expressglas entgegen (HABEN SIE SCHÄDEN IN DEN SCHEIBEN, JA NICHT IN DEN AUGEN REIBEN).

Mauro grinste, tätschelte Miranda den Oberschenkel. „Dieses Wochenende wird nicht immer so viel Sinn machen wie genau jetzt“, dachte er.

Das leere Büro

Eine Pflanzengondel! Sie würden Schallschlucktrennwände errichten und eine Pflanzengondel aufstellen, unbedingt eine Pflanzengondel, erklärte Jolanda Diggelmann. Eine Pflanzengondel verleihe einem Grossraumbüro ein besonders sympathisches Gepräge. Erika Gerber, die praktischere der beiden, zückte einen Notizblock und mass den leeren Raum mit einem Messband aus. Sie skizzierte die Schreibtische, die untergebracht werden mussten. Auf welche Seite der Tische sollte man die Bürostühle setzen? Büroplanung war für Gerber nicht viel mehr als Möbel und Stühle ordentlich und kostengünstig hinzustellen, damit Leute arbeiten konnten, ohne über Aktenschränke oder Stromkabel zu straucheln. Nie hätte Gerber von Büroinnenarchitektur als Kunstform geschwärmt, wie das Diggelmann tat.

Diese sah sich die Skizze an und stimmte Gerbers zweckmässiger Gliederung widerwillig zu.

„Man muss aber die richtige Aussicht haben." Diggelmann war bereits beim nächsten Einfall. („Ach, wie einen die Fantasie regelrecht plagen kann!", pflegte sie zu sagen.) Sie nahm den Bleistift und errichtete dem Abteilungsleiter einen Thron, von dem aus er zuschauen würde, wie die Geschäfte wuchsen und gediehen, wie die Angestellten Kunden und Daten umherschoben. Sie versah die Skizze mit Arbeitnehmerinnen und Arbeitnehmern – ein grossartiges Gefühl, von einem leeren Raum zu einem, mit

Menschen gefüllten, lebenssprühenden Grossraumbüro zu gelangen! Sie hörte schon die Stimmen: „Dort in der feschen Ecke, mit Blick auf die Pflanzengondel, dort darf ich jetzt arbeiten!“

„Ein von der Decke hängendes Regal – wär auch was, nicht?“ Diggelmann verlor sich in Inspiration, während Gerber den Thron ausradierte.

Wetterumschwung

Dierde Merz, 37, Diplomkauffrau, alleinstehend („was nicht bedeutet, dass die Tür offensteht"), näherte sich Giezendanner, der unter dem Tropenfischjahreskalender an der Wand lehnte.

„Matthias", sagt sie. Giezendanner hörte nicht. "Matthias", wiederholte sie und tippte ihm auf die Schulter.

Giezendanner sah sich um, und Dierde Merz erkannte ihren Chef nicht wieder. Der Blick, der hin und her wiegende Kopf – war er betrunken? Sie konnte sich nicht erinnern, ihren Chef je auch nur angeheitert gesehen zu haben. Wenn er überhaupt trank, dann allenfalls im Rahmen eines ausgezeichneten Betriebsergebnisses am Ende des Jahres, wo er allen Angestellten Wein ausschenkte, sogar den Transportmännern („die er beim Teufel nicht ausstehen kann, weil sie immer was beschädigen, verkehrt einpacken, Termine nicht einhalten und alles falsch in Rechnung stellen"). Aber einfach so – werktags, aus heiterem Himmel – das hatte es nie gegeben.

Giezendanner warf seiner Direktionsassistentin einen traurigen Blick zu. Das Gesicht puterrot und verschwitzt. Er stand auf, linkisch und zu rasch. Die Mühsal, das Gleichgewicht zu finden und zu halten.

„Was willst du denn, Dierde?"

„Alles senkrecht, Matthias?"

„Ja, ja", murmelte Giezendanner und stützte sich auf den Drucker.

„Geh, nimm dir den Tag frei. Ich muss hier die Sache, den Laden ...“

Dierde Merz lief aus dem Büro rüber in den Verkaufsraum im Ostflügel des Gebäudes.

„Was ist mit meinem Chef los? Und was ist hier los?!“ Unter ihren Schuhen saftete der Teppich. Etwas weiter weg, bei den Wasserbetten, verschlang Vreni Ingolds Katze einen Fisch. Neben ihr kniete Vreni Ingold und versuchte, der Katze den Fisch abspenstig zu machen.

„Wie die sich anstellt!“, sagte Susi Kirchhofer und zwinkerte Dierde Merz zu. „Na? Sowas gibt‘s hier nicht jeden Tag.“ Kirchhofer war diejenige, die Werbeslogans austüftelte wie: „WASSERBETTEN-PROBELIEGEN UND SCHLAFBERATUNG BEI GIEZENDANNER MACHT SPASS“.

Dierde Merz schauderte, als sie das ganze Ausmass der Tragödie überblickte: Der Teppichboden versumpfte im Wasser und Fische im Todeskampf zuckten. Susi Kirchhofer hielt einen Eimer in der Hand, worin sich die Kadaver gelber Schleierschwänze, silbriger Zwergfadenfische, Neon-Salmler und ausdauernder, kiemenschlagender Schwertträger befanden.

„Ich fasse es nicht“, sagte Dierde Merz.

„Tja“, sagte Kirchhofer. „Das Aquariumbett ist halt ausgelaufen.“ Sie hob einen verblichenen Zwergfadenfisch auf und warf ihn in den Eimer.

„Matthias ist ziemlich betrunken“, berichtete Dierde Merz.

Vreni Ingold griff nach dem Schwanz ihrer Katze, um sie von den Fischen wegzuziehen.

„Wir pumpen‘s wieder auf“, sagte Kirchhofer. „Und wenn der Chef uns vorher vor Gram wegstirbt, legen wir ihm die Fische mit ins Grab. Das Aquariumbett war sein Lieblingsstück. Er wollte es gar nicht verkaufen."

Die Katze krallte sich im Teppich fest und liess sich von Ingold keinen Millimeter von ihrer Beute wegzerren.

„Ich hau ihr den Eimer über den Schädel!", sagte Kirchhofer.

Zur Tür herein: ein Transportmann in grün gestreiften Überhosen, heiter und trällernd.

„Wie steht's, Mädels?", fragte er und musterte die versammelte Schar. „Hat jemand meine Zigaretten gesehen? Wo ist denn das Aquariumbett hin? Ich hab doch vorhin noch die Beine drauf ausgestreckt."

Die Katze gab auf. Vreni Ingold schnappte sich die Überreste des Kugelfisches und warf sie angeekelt in Kirchhofers Eimer.

„Hör dir das an, Dierde", sagte Kirchhofer. „'UNSERE KUNDEN SAGEN, WIR HÄTTEN DIE BESTEN WASSERBETTEN-SCHLAFSYSTEME EUROPAS', was sagst du dazu? In roten Lettern auf den Transportern?"

„Welche Zigaretten?", fragte Merz den Transportmann.

„Meine Zigaretten eben."

„Im Verkaufsraum ist Rauchverbot."

„War ja sonst keiner da. Warum ist hier alles nass?"

Dierde Merz überschlug den Schaden, das zu erwartende Versicherungsgeplänkel und das Stimmungsbarometer bis zum Jahresabschluss. Heuer würde es keinen Wein geben.

Feierabend

„Bist du schon mal von einer Schlange gebissen worden?", fragte Galfetti und wischte sich den Bierschaum aus dem Schnauz.

„Nein", erwiderte der Student. „Du etwa?"

„Ja. Ich habe mal eine aus dem Gebüsch gezogen."

„Und die hat dich gebissen?"

„'Leider keine giftige', hat Mutter gesagt."

„Ich finde, so was zum eigenen Jungen zu sagen, ist nicht sehr fein", bemerkte Loureiro. „Aber ich kann darüber nicht befinden. Gebe mich nicht mit Kindern ab."

„Du hast doch selber Kinder", sagte der Student.

„Drei Stück."

„Aber wieso gibst du dich nicht mit ihnen ab?", fragte Galfetti.

„Ich sehe sie nur jedes zweite Wochenende."

„Vorige Woche bin ich beinah vom Kranhaken erschlagen worden", sagte der Student. Er stand auf und fütterte den Spielautomaten mit Münzen.

„Ach, das ist mir auch beinah mal passiert", sagte Loureiro.

„Wirklich? Und was hat der Kranführer gemeint?"

„Gar nichts hat er gemeint. Hat's nicht einmal gemerkt."

„Wie bist du denn davongekommen?", fragte Galfetti.

„Kizildag hat mich gerade noch gewarnt."

„Wenn ich einen Türken hätte, der auf mich aufpasst, wär ich vielleicht ..."

„Türken sind praktisch, wenn man einen blinden Kranführer im Rücken hat“, sagte Loureiro.

„Und mal bin ich von einem geborstenen Hängeseil erwischt worden, bei einem anderen Job während den Semesterferien“, sagte der Student. „Hat mir glatt den Rücken aufgesäbelt.“

„Was tut so einer wie du auf dem Bau?“

„Ist doch egal. Ich bin schon auf alle Arten beinah umgekommen“, erwiderte der Student. Die Lämpchen des Spielautomaten flackerten. „Beim Tauchen und beim Brückenbau und einmal im Flugzeug Zürich – Kapstadt. Lebensmittelvergiftung.“

„Ist denn heute das Thema Gift?“, murmelte Loureiro und leerte das Glas.

„Und vor zwei Monaten habe ich mir beim Unisport den Ellbogen angekratzt und mir eine Blutvergiftung zugezogen.“

„Eine Blutvergiftung. Krass. Und das einzige, was ich vorzeigen kann, sind drei Finger weniger an der linken Hand“, sagte Loureiro.

„Ich spüre allmählich, dass einem die Gerüste viele Erlebnisse parat halten“, sagte der Student und setzte sich zurück an den Tisch.

Galfetti hob sein leeres Bierglas in die Höhe.

„Gerüstbau“, dachte Loureiro. „Neunzehn Jahre Gerüstbau, und ich hab Torron sterben sehen, und De Giacomo und Bona, und hab gesehen, wie Lalvani sich den Hals brach, und mich können sie jetzt Klemmfinger nennen. Ich hab ein Dutzend Gerüste einstürzen sehen, alle in der Absicht, mich zu begraben. Ich hab einen Blitz einschlagen sehen, und ich hab den Heizkeller explodieren sehen, und als der Staub sich gelegt hatte, war nichts mehr da, kein

Haus, kein Gerüst, kein De Giacomo, kein Bona, rein gar nichts, nur die Erinnerung an ihren letzten Augenblick. De Giacomo verlegte einen Querriegel und Bona hatte eine Fussplatte auf der Schulter und natürlich rauchte er, und ich sah Torron, einen jungen Burschen wie dieser Student, auf den achtzig oder neunzig Stahlrohre niederprasselten, und ich sah meine Hand im Gerüstknoten, und ich wickelte die Finger in ein Taschentuch und brachte sie zum Notfall, wo niemand war, der sie mir hätte annähen können." „Und dieses Arschgesicht findet, Gerüstbau sei ein Erlebnis!", platzte es aus Loureiro heraus.

Der Student öffnete den Mund, aber er kam nicht dazu, etwas zu sagen. Er spürte Galfettis Hand auf seinem Oberschenkel.

„Schmerzen, José?", fragte Galfetti.

„Nein, nein", sagte Loureiro, „ich frag mich nur manchmal, ob ich das richtig anpacke. Die Sache mit meinen Bälgern und all das."

Autostopp

Myrta und Hansjörg fahren mit dem Tandem aus, das sie sich spontan (wie aufregend, spontan zu sein!) bei einem Händler für gebrauchte Fahrräder in Yverdon gekauft haben. Sie fahren den Lac de Neuchâtel hinauf, biegen in Estavayer nach Osten ab statt am See zu bleiben, da sie sich entschlossen haben, den Verlockungen des Uferwegs zu widerstehen, seit sich herausgestellt hat, dass das Tandem die kleinen Gänge in Leerlauf überführt, und dass Myrtas Sattel nicht federt wie er sollte.

Für ein kaum ein Jahr altes Fahrzeug ist das Tandem verdächtig billig gewesen. Aber Hansjörg hat erklärt, er verstünde etwas von Mechanik. Myrta hat unumwunden zugegeben, dass sie keine Speiche von einer Felge unterscheiden könne. Hansjörg hat das zum Verkauf stehende Rad geprüft und behauptet: „Gesund wie der Schweizer Franken!"

In einer unbeschwerten Fahrt erleben sie Grandcour, Ressidens, Missy und St-Aubin. Das Tandem läuft wie geschmiert. Rundherum nichts als Himmel und Beschaulichkeit. Seit sie auf der spiegelglatten Landstrasse unterwegs sind, repräsentieren sie wieder ganz ein verliebtes Paar.

Und dann, kurz nach Salavaux, platzt der Reifen. „Das war vorauszusehen", sagt Myrta.

Weit und breit kein Ersatzreifen. In Hansjörgs Jackentasche befindet sich neben der Quittung für ihr unnützes Tandem auch ein Präservativ mit keimtötendem Reservoir.

Sie sind kaum vom Rad abgestiegen, als sich auch schon Hansjörgs Finger nach dieser idealen Überbrückung desperater Situationen strecken. Doch erhebt Myrta gegen Hansjörgs Absicht Einspruch. Wie sehr ihm ihre viktorianische Art, die Lust ins dunkle Bett zu sperren, zuwider ist! Andererseits ist nicht sie es gewesen, die behauptet hat, das Rad sei gesund wie der Schweizer Franken.

„Wir werden uns hier nicht ins Schilf legen", sagt sie.

Eine lange Zeit sitzen die beiden Seite an Seite an der Böschung der Landstrasse, das defekte Tandem neben sich im Gras.

Aus der Ferne hören sie ein brummendes Geräusch. Hansjörg springt aus dem Gras, baut sich mitten auf der Strasse auf und rudert wild mit den Armen. Der Wagen hält. Hansjörg ist entzückt von der äusseren Erscheinung der Fahrzeuglenkerin. Ausserdem scheint sie hilfsbereit zu sein. Sie steigt aus dem Golf.

„Nehmen Sie uns mit zum nächsten Bike-Laden?", fragt Hansjörg.

„Das Rad hat unmöglich im Wagen Platz", sagt die Frau.

Hansjörg überlegt und sieht zwischen ihr und Myrta hin und her.

„Einer bleibt hier und ich fahre mit dem anderen nach Murten", schlägt die Frau vor.

„Gute Idee", sagt Hansjörg. „Ich fahre nach Murten und hole unser Auto in Yverdon und ..."

„Wir könnten das Rad abschliessen und beide fahren", sagt Myrta.

„Könnten wir natürlich auch."

„Ich muss los", sagt die Frau und setzt sich hinters Lenkrad.

„Weisst du was? Ich fahre und du geniesst den See."

Hansjörg klettert auf den Beifahrersitz. „Warum, warum nur bin ich so?“

Als sie Myrta nicht mehr im Rückspiegel sehen, fragt die Frau: „Gefalle ich Ihnen?“

Die Dinge entwickeln sich rascher, als Hansjörg ihnen folgen kann.

„Sie wollen wissen ...?“

„Ob ich Ihnen gefalle.“

„Faszinierend wie der japanische Yen“, sagt Hansjörg.

Lokalereignis

Eine ganz unpassende Veränderung war mit Olivier Horn, Immobilien, vorgegangen. Wenn einer ein unbeirrbarer Mann gewesen war, dann er. Das meiste von allem, was das Leben mit ihm unternahm, hatte er selbst ausgeheckt, und er hatte nie gezaudert, wenn eine Leitplanke seiner Bahn versetzt werden musste. Nichts war ihm unmöglich gewesen, und er hatte auch das Glück auf seiner Seite gehabt. Er konnte darauf bauen, dass gut ausging, was immer er sich vornahm. Unvergessen der millionenschwere Verpackungsmaschineningenieur, dem er – ohne Tricks und ohne die Steuer zu hintergehen – die halbe Industriezone K.s verschachert hatte! Aber jetzt? War mit ihm nicht mehr viel los. Horn zeigte nicht die geringste Lust, etwas anzureissen. Er verkroch sich in die düstere Blockhütte bei der Forellenzucht, hörte zu, wie die Fische im Wasser sprangen und die Stechmücken gegen das Fliegengitter surrten. Den traurigen Vorfall mit dem Anglerhaken, der erst im Schilf hängengeblieben, dann plötzlich, nachdem er kräftig an der Angel gezogen hatte, durch die Luft geschnellt war und ihm ein Auge ausgerissen hatte, verwand er einfach nicht. Es schien beinahe so, als geriete Horn dieses, aufs Augenlicht beschränkte Unglück regelrecht zur existenziellen Krise.

Spätblüte

Der pensionierte Autowaschanlagenmechaniker Rüdlinger mochte sich nicht länger darüber grämen, in keinem Leben ausser dem eigenen zu existieren. Warum sollte er den ermutigenden Artikel, den er im Wartezimmer des Zahnarztes gelesen hatte (um sich von einem quälenden Backenzahn abzulenken, den seine achtundsechzig Jahre bis auf den Nerv heruntergemahlen hatten) nicht einfach ernst nehmen? Ein Artikel, der ihm nahegelegt hatte, sich nützlicher zu machen. Vielleicht würde das Gefühl der Vergeblichkeit davongeweht werden wie Staub im Frühling. Und nachdem er vom Bett aus im Fernsehen einem Chirurgenteam bei einer blutigen Brusttransplantation zugesehen hatte, dachte Rüdlinger, dass er es vielleicht wirklich versuchen sollte. Von ihm wären keine vorteilhaften Transplantationen oder schmerzlindernden Wurzelbehandlungen zu erwarten, aber er würde einer diskreten Nützlichkeit so nahekommen, wie es ihm möglich war. Dieser Gedanke löste Betriebsamkeit aus und machte Rüdlingers Einstieg in die Kinderspielzeugbranche (kostenlose Reparaturen und Tauschbörse) zu einem Beispiel spätblühenden Soziallebens.

Romeo und Julia älter

„Warum guckst‘n du so?“
„Ich guck halt.“
„Irgendwas denkst du dir doch dabei.“
„Ich guck nur so.“
„Ich merk doch, dass du dir was denkst.“
„Tu ich aber nicht.“
„Doch.“
„Verdammt nochmal, Julia!“
„Siehst du.“
„Was seh ich?“
„Sonst würdest du es ja nicht so energisch abstreiten.“
„Du machst mich nervös.“
„Dabei hab ich dir gar nichts getan.“
„Hör bitte auf.“
„Hab ich etwa damit angefangen?“
„Du hast dich doch darüber aufgeregt, dass ich gucke.“
„Jetzt bin ich also schuld daran, wenn dich etwas stört?“
„Mich stört ja gar nichts!“
„Und deshalb guckst du so.“
„Ich guck dich halt gerne an! Ich guck, weil du so schön bist!“
„Aha. Und ich dachte, der Romeo guckt ‚nur so‘?!“
„In Zukunft werde ich woanders hingucken, wenn dir das lieber ist. Siehst du, ich guck jetzt woanders hin.“
„Na toll. Schau ruhig weg, wenn ich mit dir rede.“

Körperpflege

Noah hasst Wasser. Er kriecht unter den Stubentisch, sobald seine Frau die Antirutschmatte in die Badewanne noppt.

Die Ehe verkacheln in drei Minuten

Die Partei wolle ihn ja schon lange in einem Amt, sagt Gruber zu seiner Frau. Spätestens, seitdem er damals die Reorganisation der kantonalen Feuerwehr gestemmt habe.

„Ich kann mir nicht vorstellen, an Strassenecken Wahlpropaganda für dich zu machen“, sagt seine Frau.

Gruber ist leicht gestresst. Drei Minuten hat er sich gegeben, seine Frau von seiner Mission zu überzeugen. Noch steht sie unbewegt am Fenster.

Der kleine Mann vergesse den Feuerwehrmann nicht, der ihm einmal die helfende Hand gereicht habe. An der Hauseigentümerversammlung brauche er nur das Lied der Feuerwehr zu singen („Gott zur Ehr, dem Nächsten zur Wehr“) – mache 2‘000 Stimmen. An anderen Versammlungen sänge er von seinen Bestrebungen, die Lohnentwicklung zu fördern – mache 10‘000 Arbeitnehmerstimmen. Stettler bearbeite ein paar Wirtschaftsfunktionäre – mache 2‘000 Arbeitgeberstimmen. Er schaffe es also ohne weiteres zu einem internen Glanzresultat. Die Listenstimmen nicht mitgerechnet.

„Na? Gemeinderat Gruber, wie klingt das für dich?“

„Das klingt nach 90-Stunden-Woche. Das klingt nicht nach gemeinsamen Wochenenden. Das klingt nach: Wir können uns genauso gut trennen.“

Das ist ein Rückschlag. Und dies bei einer Minute dreissig. Gruber weiss, er muss einen Zahn zulegen.

Als Feuerwehrmann suche man sich für eine Aufgabe den besten Mann, sagt er. Man schaue sich die Faktenlage an und treffe eine sachdienliche Entscheidung. Und genau das habe er getan. Er habe sich die Faktenlage angeschaut, aus neunundneunzig Jahren, von 1915 bis 2016. Gestern, nach der Parteiversammlung, habe er die feuerfeste Schublade aufgeschlossen und die alte Fotografie hervorgezogen. „Aber item“, sagt er – die Zeit reicht nicht, seiner Frau von den drei prachtvollen Männern zu erzählen: Urgrossvater und Grossvater hinter einem Stuhl, auf dem sein Vater mit einem Säugling auf dem Schoss sitze. Alle drei starren auf den Säugling, und der Säugling schaue aus grossen Augen auf, als ahne er bereits, was die Gemeinschaft von ihm verlange.

„Soll man auf die Möglichkeit, etwas fürs Gemeinwohl zu tun, verzichten, weil die eigene Frau behauptet, sich an Strassenecken die Blase zu entzünden?“

Seine Frau schweigt.

Zwei Minuten fünfundvierzig.

Er habe Stettler angerufen und gesagt, er tue es, er kandidiere.

Seine Frau schlägt hinter ihm den Vorhang zu. „Du kannst den Volvo haben. Das Haus behalte ich“, sagt sie.

Mayonnaise

„Du isst zu fettig."

„Ich esse rohes Gemüse."

„Du dippst es in Mayonnaise."

„Natürlich dippe ich. Jeder dippt."

„Aber niemand dippt soviel wie du. Du isst Mayonnaise mit ein bisschen Gemüse dran. Du wirst einen Herzanfall haben wie der Thömu. Ihr esst gleich ungesund und seid gleich alt."

„Thömu und ich sind nicht gleich alt. Er war in der Sek zwei Jahre über mir."

„Du könntest keinen Tag auf Mayonnaise verzichten."

„Ich könnte morgen damit aufhören, wenn ich wollte."

„Könntest du nicht."

„Das hat sich bei uns über Generationen ausgebildet: ein eiserner Wille."

„Keinen Tag würdest du durchhalten."

„Warum pickst du auf mir herum?"

„Du stirbst an Mayonnaise!"

„Wenn ich sterbe, dann sterbe ich glücklich."

Ivana Irgendwie

Ivana war, wie soll ich sagen, ein Junkie. Ihre Eltern hatten keine Ahnung, und deshalb war sie überall dabei. Sie wollte alles gleichzeitig und sofort. Eine Nacht war für ein einziges Fest viel zu schade. Ivana surfte von Ereignis zu Ereignis, von ihrem Job in einer Bar auf dem Mühleplatz direkt in einen Club, dann weiter zu einer Privatparty. Sie redete die ganze Nacht und ging stets als letzte heim. Trotzdem war sie am nächsten Morgen pünktlich im Gymnasium, gekämmt, aufrecht, keine Ringe unter den Augen, das konnte man mit dem Verstand allein gar nicht begreifen.

Wir sassen in Henners Wohnzimmer, als Ivana von einer Runde mit der Vespa hereinplatzte. Wir unterzogen sie einer eingehenden Musterung: Der sturmartige Regen hatte sie in einen triefend nassen Lumpen verwandelt. Ihre Brust wogte auf und ab wie die Brust einer Schiffbrüchigen, die sich mit letzter Kraft an Land gerettet hatte. Gregy lachte mit einer Stimme auf, die noch höher war als gewöhnlich. Henner bot ihr Kleider aus seinem Schrank an, aber Ivana lehnte ab und verlangte nur nach einem Gin Tonic. Ich sah Gregy und Suusi einen bedeutungsvollen Blick wechseln, der das Thema aufzunehmen schien, das wir in Ivanas Abwesenheit diskutiert hatten: „Ivana hat ein massives Suchtproblem."

„Nein, echt?"

„Total."

Was uns verband – Ivana, Henner, Gregy und mich – und in Henners Stube führte, war der Ehrgeiz: Unser Streben nach der Zulassung als motorisierte Strassenverkehrsteilnehmer. Wir mussten alle ein zweites Mal zur praktischen Prüfung antreten, was aber nicht unsere eigene Schuld war: Aus Trägheit hatte unser Fahrlehrer Christof Meyer (MIT MEYER-STÖFF ZU CHARÄ UND TÖFF) uns nicht regelmässig genug darauf hingewiesen, dass unsere Leistungen auf der Strasse unter dem staatlich erwarteten Schnitt lagen. Bei der Fahrprüfung wurde dann tüchtig gesiebt, und Ivana, Henner, Gregy und ich machten angesichts des bevorstehenden zweiten Anlaufs und der drohenden Blamage eines abermaligen Versagens mittelschwere nervöse Spannungen durch. Suusi hatte keinen Führerausweis, kannte jedoch Mittel gegen nervöse Spannungen. Henner hatte behauptet, was Suusi über Verspannung und Entspannung wisse, könne man niederschreiben und in einen Zügelanhänger der Kategorie E legen, aber bestimmt bleibe dann kein Platz mehr für „auch nur ein einziges Tablettli".

„Also, meine Damen und Herren", wandte sich Suusi an alle, „wir setzen die Sitzung mit Atemübungen und korrekter Haltung fort, gehen später über zu Konzentration und Selbstvertrauen und zur Frage der richtigen Einstellung."

Alle assen Ketchup-Spaghetti und schenkten sich Bier oder Gin ein. Es ging sehr lustig zu, während wir Parkieren und Vortritt übten, erst pantomimisch im Wohnzimmer, dann in echt: Draussen mit dem Volvo von Henners Mutter und der Vespa seines Bruders – wer reinkam, war ähnlich durchnässt wie Ivana zuvor.

„Geile Spaghetti", tönte es von überall her. Ivana hatte Erfolg mit ihren geistreichen Einfällen, sie goss Gregy zum Beispiel Gin ins Bier, das strenge Pauken für die Fahrprüfung wurde durch Erinnerungen an die Institution, in der wir alle ein bisschen draufgingen, aufgelockert. Das Bier verging allmählich, und Henner brachte Medikamente und stellte sie auf den Tisch. Niemand wunderte sich über die Medikamente. Henners Vater hatte eine Apotheke, Henner half dort aus und liess Packungen verschwinden. Allein würde er's nicht schaffen, diesen Zwang zu überwinden.

Einige blieben bei Bier und Gin. Ivana warf sich Tabletten aus verschiedenen Packungen ein und bot Gregy dasselbe an, und er sagte „Jep". Hier tat sich sein berühmter Charme hervor, denn Gregy erklärte, nur deshalb Medis zu schlucken, damit niemandem auffalle, dass Ivana durchgeknallter war als die anderen. Als Antwort darauf machte Ivana ein liebenswürdiges Gesicht und bat ihn, aus dem fahrenden Volvo zu springen, und dann kippten sie das Zeugs und legten mit Gin nach, während jemand quiekte, Gregy laufe ganz schwarz an. Was kurz stimmte.

Es war kurz vor zwölf, der letzte Bus war gefahren. Ivana hob die Packung Weiss-ich-Was hoch und schüttelte sie, und es stellte sich heraus, dass sie leer war. „Oho", sagte Gregy und blätterte geschwächt im Halbdunkeln in einem Drogistenstern. Die restlichen Lehrschüler lagen auf dem Fussboden, tranken Bier und spielten Chaos-im-Kreisverkehr und lachten glücklich. „Sehe eine Ölknappheit auf die Welt zukommen, die allen Hoffnungen der Menschen ein Ende setzen wird", dichtete jemand, vielleicht war's ich selber. „Herrlich, ist das herrlich."

Ivana öffnete die Tür, schnappte sich die Vespa und fuhr zum nächsten Fest, und Henner rannte ihr bis zur Autobahnauffahrt hinterher. Und wir, die Zurück-Gebliebenen, verstanden alles, um drei Uhr in der Früh, die Milchstrasse und das übernächste Jahrtausend, wir schlangen die Arme umeinander und sangen Stay On These Roads.

Bei der Fahrprüfung war ich so gelassen und selbstbewusst, dass ich das Auto wie ein alter Profi durch die Strassen lenkte: eine Hand am Steuer, die andere aus dem heruntergekurbelten Fenster baumelnd. Gregy ging die Sache ähnlich entspannt an, wie er uns berichtete. Dank Suusis Training konnte er den Prüfer belehren hinsichtlich Atmung, Konzentration und einer erfolgversprechenden Lebenseinstellung.

Auch Henner ging die Fahrprüfung unter besten mentalen Voraussetzungen an. Souverän bremste er vor Fussgängerstreifen, wechselte konzentriert Spuren. Er blinkte korrekt, als er in eine Einbahnstrasse bog.

Ivana meldete sich übernächtigt und bespickt mit irgendwas zu ihrer Prüfung – und bestand. Das kam so erwartet, dass wir uns gar nicht für sie freuten. Trotzdem dauerte das Fest bei Henner die ganze Nacht, bis es Ivana weiterzog. Henner gab eine weitere Packung irgendeines Psychopharmakons in Umlauf, und wir wussten, dass Ivana am Morgen pünktlich im Gymnasium auftauchen würde. Völlig unverwüstet, klar, das war mit dem Verstand allein nicht zu begreifen. Sie würde es schaffen, wir wussten es.

Kaltbrunners grosser Tag

„Das Büro ist ein Ort, wo man gelangweilt am Kopierer steht und dabei blass und alt wird“, scherzt Kaltbrunner (Büro-Kapitän und Überstundensammler) am Kopiergerät. „Haben Sie die Blumen besorgt, Frau Schild?“

Hinter der Stellwand lässt sich die Stimme Petra Schilds (Datatypistin) vernehmen: „Scheissverdammt.“ Das Computerspiel lässt sich nicht vom internen Netz herunterladen. „Keine Blumen. Eine Staude. Eine grüne Papyrusstaude. Anna liebt Grün.“

Es herrscht aufgeräumte Stimmung um 7 Uhr 45 im Grossraumbüro der Schadenabteilung einer Versicherungsgesellschaft in Zürich: Anna Urfer wird erwartet.

Sie soll ihren vierzigsten Geburtstag gefeiert bekommen. Vor einigen Tagen ist im Büro eine Geburtstagskarte herumgereicht worden und alle haben unterschrieben. Mit dem gesammelten Geld hat Petra Schild die Papyrusstaude gekauft. Kaltbrunner würde diese zusammen mit der Geburtstagskarte und herzlichen Glückwünschen im Namen der Schadenabteilung übergeben. Anna Urfer würde eine Bündner Nusstorte, einen Butterzopf, Käse und Weisswein beisteuern und im Büro einen kleinen Imbiss veranstalten.

Seit 1986, als in der städtischen Verwaltung fünf Angestellte von ihrem Vorgesetzten mit einer .38 Special niedergeschossen worden sind, wird in Zürich zwischen Aktenschränken, Fax und Kaffeefiltertüten vermehrt die Menschlichkeit gepflegt.

Um 7 Uhr 15, Beginn der Blockzeit, röhrt die Aushilfstelefonistin durch den Raum, sie habe das Tennis-Center für Mittwoch von 19 – 21 Uhr reserviert. Kaltbrunner fragt: „Wo bleibt Frau Urfer bloss?“

Anna Urfer, hübsch, klug (zwei Jahre Harvard Business School), mit zwei Jutesäcken voll Gebäck und Getränk zu ihren Füssen, drückt seit einer Dreiviertelstunde den Alarmknopf und beginnt, sich zu fürchten. Sie steckt im Lift fest.

„Scheissverdammt“, murmelt Petra Schild um halb neun. Es gelingt ihr nicht, das Computerspiel (das sich inzwischen hat laden lassen) ohne Ton – und somit unbemerkt – zu spielen.

„Wo bleibt Frau Urfer?“, fragt Kaltbrunner wieder mit der festen Stimme des Abteilungsleiters, der sich nach dem Verbleib seiner Sachbearbeiterin erkundigt. Kaltbrunner hegt eine kleine Neigung zu Anna Urfer, die er vor ihr und allen andern geheim hält. Er denkt: „Vielleicht lässt sich Frau Urfer beim Überreichen des Geburtstaggeschenks zu drei Küsschen hinreissen.“ Kaltbrunner – ein 47-jähriger Unteroffizier der schweizerischen Miliz mit Deltasegel- und Tiefseetauch-Erfahrung – schiesst bei diesem keuschen Wunsch die Röte ins Gesicht wie einem schüchternen Knaben mit einem Apfel in der Hand am Gartentor seiner Schulfreundin.

Was nichts daran ändert, dass Anna Urfer im engen Lift festsitzt. Sie quetscht den Alarmknopf und heult vor Kummer und Elend und poltert mit der freien Hand gegen die Lifttür.

„Sagen Sie, Herr Kaltbrunner ...“ Die Aushilfstelefonistin wendet sich an ihren Chef und zeigt auf die Schalttafel am quergestellten Schreibtisch: „Dieses rote Blinken da – es macht mich halb wahnsinnig. Wie kann man das abstellen?“

Kaltbrunner, Petra Schild und Dumont von der Geschäftsleitung stossen auf den Hauswart bei Lift 2 im dritten Stock.

„Lift 1 steckt fest", erklärt der Hauswart.

„Was ist das?“, fragt Dumont von der GL und hält die Hand ans Ohr. Geräusche dringen aus dem Liftschacht.

„Der Stimme nach Anna“, sagt Petra Schild. „Anna Urfer, Schaden. Sie hat Geburtstag.“

„Was können wir tun?“, fragt Kaltbrunner besorgt.

Der Hauswart zuckt mit den Achseln. „Ich bin nicht befugt, am Lift herumzumachen. Die Betreiberfirma schickt einen Mechaniker. Wir müssen warten.“

„Warten?“, schreckt Kaltbrunner auf. „Und wenn uns die gute Frau erstickt?“

In diesem Gebäude sei noch keiner erstickt, sagt Dumont. Der Hauswart nickt. „Die hat noch genug Luft. So wie die brüllt.“

Kaltbrunner erweitert seinen Zuständigkeitsbereich. Schon hat er das gerahmte Foto vom Firmensitz um 1920 von der Wand gerissen, den Rahmen zwischen die Schiebetür geschoben und diese aufgestemmt. Petra Schild reisst die Augen auf, ruft: „Verdammt, sind Sie stark!“, und entdeckt in ihrem Abteilungsleiter einen Mann mit verborgenen Talenten.

„Was tun Sie da?“, stammelt Dumont von der GL.

Einen Augenblick liegt auf Kaltbrunners Gesicht eine Bestimmtheit, die ihm niemand zugetraut hat. Dann blickt er in den Schacht hinunter zur Kabine, in der Anna Urfer die letzten anderthalb Stunden damit zugebracht hat, ihren Tennisarm zu belasten und im Stehen das Beten zu erlernen.

„Halt!“, ruft der Hauswart. Er packt Kaltbrunner unter den Schultern und versucht ihn zurück auf den Flur zu zerren. Kaltbrunner hält sich am Tragseil im Liftschacht fest. Dumont meldet sich: „Lassen Sie das Seil los, oder ich schwöre, ich lasse Sie verhaften!“

„Scheisse, Dicker“, sagt Petra Schild an Dumont gerichtet, „seit wann tragen Prokuristen einen Sheriffstern?“ Dann zwinkert sie Kaltbrunner zu und beobachtet, wie dieser sich langsam zu Anna Urfers Kabine hinuntergleiten lässt.

Der Hauswart weist den vollständig erstarrten Dumont darauf hin, dass in der Schadenabteilung etwas nicht stimme, er habe schon öfters leere Alkoholflaschen zu entsorgen gehabt.

Im Lift besteht ein Rauchverbot, und Kaltbrunner macht eine unfreundliche Bemerkung über das, was er das „Diktat der Generaldirektion“ nennt. Anna Urfer kann trotz ihrer scheusslichen Situation ein wenig lachen.

„Ich habe solche Angst“, sagt sie verlegen und wischt sich unauffällig den Schweiss von der Stirn.

„Bald holt man uns beide hier raus“, sagt Kaltbrunner und will damit sagen, dass sie keine Angst zu haben brauche, er gebe auf sie acht. Beim Abseilen hat er einen Schuh verloren, sich von oben bis unten mit Schmierfett beschmutzt und sich am Zeigfinger geschnitten.

„Sie bluten ja!“, gellt Anna Urfer.

Kaltbrunner deutet an, dass ihm Schmerzen nichts ausmachen. Es ist der Tag, auf den er sein ganzes Leben lang hintrainiert hat.

Die ramponierte Schiebetür im dritten Stock verzögert die Befreiungsaktion durch die Schindler-Mechaniker um eine halbe Stunde. Als Lift 1 mittels elektrotechnischer Massnahmen wieder fahrtüchtig ist und Anna Urfer und Abteilungsleiter Kaltbrunner der Kabine entsteigen, jubelt ihnen von Petra Schild bis zur Aushilfstelefonistin, von den Abteilungen Schaden, Marketing, Finanz und Spedition bis zum Archivar alles zu, was Hände hat zum Klatschen und Stimmbänder zum Jauchzen.

Anna Urfer beugt sich zu Kaltbrunner vor und flüstert ihm ins Ohr: „Mein Gott, so viele Leute ..." Sie habe nicht genug Nusstorte gekauft.

In der Cafeteria überreicht Kaltbrunner Anna Urfer Geburtstagskarte und Papyrusstaude, wird zärtlich umhalst und fällt in Ohnmacht. „Der Blutverlust", mutmasst die Firmenzeitung Intern in der Ausgabe II/20.

II. TEIL

Bundesrat Liechti

I

Bundesrat Liechti raucht eine Parisienne aus dem Fenster in seinem Büro im Bundeshaus West und blickt neidvoll auf den Bundesplatz. In den Fontänen des Wasserspiels rennen Kinder umher, Väter schiessen Fotos und Mütter bücken sich unter Kinderwagen und klauben fröhlich Ersatzkleider aus Kitchenersäcken hervor.

Einen einzigen Tag lang möchte ich wieder wie ein normaler Bürger leben, denkt Liechti. Dem Chauffeur frei geben, den Wagen selber fahren und fürs Benzin bezahlen! Statt Dossiers den Blick lesen! Statt im Café Vallotton vom welschen Fraktionspräsidenten geärgert in einer ländlichen Gaststube von einer slowakischen Kellnerin bewirtet werden!

Da im Vorzimmer des Nationalrats nur noch das ennuyante NZZ-Feuilleton verfügbar ist und ihm in der Wandelhalle ein Privatradiomensch auflauert und seinen Standpunkt zum Security-Konzept Aarbergergasse erfahren will, setzt Liechti seine Utopie in die Realität um, stellt das Telefon ab, stiehlt sich aus dem Bundeshaus ins Parking, merkt, dass ihm für eine Spritzfahrt mit der Limousine ein eigener Zündschlüssel fehlt, verlässt das Parking und geht munter grüssend über den Bundesplatz, während die persönliche Mitarbeiterin ihm erfolglos simst, whatsappt und mailt und den für ein Gespräch bestellten Nationalratspräsidenten mit Kaffee vertröstet.

Liechti hastet auf den Bus zu, der am Bärenplatz wartet, obwohl alle Personen schon eingestiegen sind. Er glaubt, der Chauffeur warte auf ihn und beginnt zu laufen. Als Liechti nur noch ein paar Meter vom Ziel entfernt ist, fährt der Bus los. Liechti läuft um die Ecke und rennt in paralleler Richtung noch eine Weile weiter Richtung Bahnhof, damit etwelche Zeugen des Vorfalls glauben, der Lauf gehöre zur magistralen Morgengymnastik. Da ihm sein erwachsener Sohn aus erster Ehe das Generalabo aus dem Portemonnaie gestohlen hat und damit betrügerisch herumfährt, muss Liechti am Billett-Automaten ein Bahnticket lösen, einmal retour nach Herzogenbuchsee. Da ihm zwei Tickets ausgegeben werden, vermutet sein bereits zurückgekehrter gesunder Menschenverstand, einen Fehler gemacht zu haben. Nach einer Odyssee durch das Labyrinth des Berner Bahnhofs findet Liechti im zweiten Stock die letzten Schalterbeamten der Bundesbahnen, und muss sich erst eine Nummer ziehen, um später die Tickets rückerstattet und beim Lösen des richtigen hilfreich unterstützt zu werden. Auf die stornierten Tickets notiert er die Frage an Bundesratskollegen Möri: „Service Public bei SBB noch genügend?"

Im Zug entziffert Liechti die Titelseite der Zeitung in den Händen seines Nachbarn: „Keuchhusten breitet sich aus – das BA für Gesundheit will Impfschutz erhöhen." „In St. Gallen transportieren Diebe von einer Baustelle Keramikplatten, Metall und Kübel voll Schnellkleber ab." Diese Nachrichten katapultieren Liechti sofort in seinen Krisenmanagement-Modus. Er widersteht der Regung, sein Smartphone hervorzunehmen und Ideen für Arena-Einwürfe festzuhalten. „Wie können wir eine Gesellschaft, in der Grosis auf dem Totenbett beraubt werden, zurückführen auf den Pfad von Anstand und Tugend?"

Liechti geniesst die vierzig Minuten Mittellandlandschaft bis Herzogenbuchsee und entdeckt in sich ein Gefühl, das er von früheren, vielleicht elternhäuslichen Zeiten noch zu erkennen glaubt, aber nicht zu benennen weiss. Ein Gefühlsgemisch aus Ungeordnetheit, träger Lustlosigkeit oder lustloser Trägheit, gewürzt mit einer Prise wohltuender Melancholie. Was mag dies für ein Gefühl sein, fragt sich Liechti und erschrickt glücklich, als ihm die Lösung plötzlich einfällt: Die Langeweile! Das ist es – ich langweile mich! Es freut ihn ungemein, so rasch und energisch in die Volksseele eingetaucht zu sein und sich wie ein ganz herkömmlicher Mensch an einem ganz herkömmlichen Tag zu langweilen. Es ist Jahrzehnte her, dass er sich gelangweilt hat – vielleicht zuletzt bei diesem Gymnasiallehrer, als dieser die ganze Theorie zur Übersetzung des Wortes „Kleeblatt" im Lateinischen vorgetragen hat. Es kommt zwar öfters vor, dass Menschen während einer Rede Liechtis mit gespieltem Gähnen rufen: „Um Himmels Willen, hören Sie auf uns zu Tode zu langweilen, wen interessiert das schon?", was Liechti selbst aber noch nie dem Reden abgewandt und einer Gefühlserkundung zugewandt hätte.

Als der Zug in Herzogenbuchsee hält, steigt Liechti aus, zufrieden und erleichtert, hat doch die erste Stunde als normaler Mensch ganz gut geklappt. So hart ist das Leben der breiten Masse gar nicht, denkt er, vor allem erschweren ihr keine Fraktionspräsidenten, Bundesratskollegen, Chefbeamten und Privatradiomoderatoren das Leben.

„Noch eins“, sagt er in der nächstgelegenen Beiz. Er blickt der Kellnerin nach. Sie zu verführen ist zu leicht, denkt er beschwingt. Ein wirklicher Sieg wäre, sie zu schwängern. Den Blick hat er gelesen, das Münz an den Tribolo-Automaten verfüttert. Liechti sucht jetzt das Fläschchen Orangina nach Buchstaben ab.

II

Bundesrat Liechti ist frustriert. Seine Nachbarn fangen immer an zu pöbeln. Die Steiners. Sie stehen am Gartenzaun und beschimpfen den Salat und die Schnecken und Liechtis zweite Frau. Mehr als einmal ist Herr Steiner über den Zaun gestiegen und mit einer Konservendose durch ihr Gemüsebeet gegangen.

Bundesrat Liechti hat den kantonalen Polizeichef gebeten, ihm Tränengas zu besorgen. Das nächste Mal sprühe ich Steiner weg, sagt Liechti.

Liechti denkt: Verkaufen wir das Haus, starten wir neu in einer besseren Agglo. Aber es geht nicht. Seiner zweiten Frau gefällt es hier. „Es ist schön hier, am Hang und wegen den Protestwählern da drüben räumen wir nicht das Feld. Ein Bundesrat rennt nicht weg; überhaupt hat jeder Mensch sein Los zu tragen. Die einen haben den Beruf oder eine Krankheit, und wir haben die Steiners“, sagt sie.

In solchen Momenten wäre Bundesrat Liechti gern Mitglied einer Regierung in einer strenger geführten Demokratie. Er denkt: „Einem Minister in Moskau werden nicht die Schnecken vom Lollo Rosso und der Brunnenkresse eingesammelt, im Bier ersäuft und vor die Haustür gestellt. Vor russischen Ministern nähmen sich sogar Steiners Eichen in Acht." Drei Eichen haben Steiners. Der Wind weht, das Laub fällt und alles kommt herüber auf Liechtis Rasen. Die Schnecken stören sie, aber das Laub nicht. Die Eichen lassen sie wachsen. Seit Jahren liegt ihnen Bundesrat Liechtis zweite Frau in den Ohren: „Nehmen Sie die Eichen doch weg. Schneiden Sie die Äste wie in einer Solidargemeinschaft üblich." Aber Steiners denken gar nicht dran.

Vor zwölf Jahren, als der damalige Nationalrat Liechti hierherzog, da hatte er selbst Eichen auf dem Grundstück. Aber Liechti ist ein Macher. Er hat sich gesagt: Gegen diese Ungeheuer muss ich was machen. Und er hat beschlossen, Rasen zu machen. Nun haben sie die Arbeit, und Steiners rühren keinen Finger. Es erinnert Liechti an die Zeit im Gemeinderat und den Kampf für die Evaluation der Gemeindefusion oder zumindest der Kläranlagen-Fusion. Am liebsten würde er Steiners verklagen. Aber Frau Steiner würde den Journalisten den Dachbalken zeigen, an dem sich der Sohn aufgehängt hat, und Herr Steiner würde seinen schneckenfreien Blattsalat servieren, und Bundesrat Liechti wäre der Goliath und Steiners die Davids und wenn man ihn jemals zu einem Rücktritt zwingen wird, dann nicht wegen Steiners, sondern wegen einer Sexaffäre mit der Direktorin der Schweizerischen Unfallversicherungsanstalt, hofft Liechti.

Wo bleibt da der Rechtsstaat, fragt sich Liechti. Wieso kann man sich nicht schützen vor Steiners Laub? Eichen gehören in den Wald.

Die Schnecken und die Eichen und die bellfreudigen Appenzellerhunde. Sobald Liechtis vorbeifahren, schiessen die Viecher los und bellen wie wahnsinnig. Von Liechtis Pekinesen bellt nur einer. Liechti denkt, die beiden anderen hätten etwas am Hals.

Steiners lassen die Meute draussen frei herumlaufen. Liechti hat die Parteikollegen vom Gemeinderat gebeten, Unterschriften zu sammeln, um Steiners Hunde einschläfern zu lassen. Aber die Parteikollegen sind Menschen, die ihre Miete immer noch per Einzahlungsschein auf der Post einzahlen. Von ihnen erwartet Liechti nur politischen Aktivismus, wenn ihm sein nichtsnutziger Sohn aus erster Ehe heimlich eine farbige Pille in die Guacamole reibt.

Leicht hat es Bundesrat Liechti nicht. Weder mit Steiners, noch mit seinem Erstgeborenen, noch mit der Bundesversammlung, die in einem Vorstoss wissen will, ob die fleischfressenden Löwen und Leoparden in Schweizer Zoos genug Vitamin C bekommen.

III

Bundesrat Liechti ist im Elend. Das Parlament hat eine von ihm in jahrelanger Arbeit gereifte Gesetzesänderung abgelehnt. Bundesbern scheint einfach nicht parat für Hochbegabte wie ihn. Sein Telefon versteckt er in der Jackentasche des persönlichen Mitarbeiters, der sich um die enttäuschten Kollegen im Departement, die schadenfreudige Presse und trostsuchende Bürger kümmern soll.

Niederlage – Liechti mag dieses Wort weder hören noch benutzen, noch sollte es überhaupt existieren. Er mag es so wenig wie den Rattenschwanz an Bedeutungen, den es nach sich zieht. Versagen, Scheitern, Schmerz, Siechtum – und die einzige Assoziation, die einen Lichtblick darstellt: Freitod. „Es ist mir verleidet. Als Bundesrat hörst du nie: Gute Idee, das machen wir! Sondern immer nur: Zurück auf Feld eins."

„Vergessen Sie's", sagt Steiner, sein persönlicher Mitarbeiter. „Das Leben geht weiter. Hoffentlich."

Liechtis Hochbegabung manifestiert sich unter anderem in der Fähigkeit, die Gedanken anderer zu lesen. Jetzt etwa liest er, dass Steiner genug hat von seinen Klagen. Denn dieser blickt totenbleich auf die fliehende Landschaft unter ihnen.

Die beiden fliegen im Helikopter nach Liechtenstein. Sofern der Helikopter Vaduz erreicht. Nichts ist so sicher wie der Tod, denkt Liechti beschwingt, als eine Windböe sie in unmittelbare Nähe einer erodierten, vom Gefühl her vertikal in den Raum hängenden Glarner Kuhweide trägt.

Selbstverständlich spielt der angegurtete und behelmte Liechti mit dem Tod aus dem gleichen Grund, weshalb Männer gern mit dem Tod spielen: Sie suchen das erregende Erlebnis, bei dem sie dem schwarzen Nichts nur um Haaresbreite entrinnen. In diesen viel zu seltenen Momenten im Helikopter bedeutet das Bundesratsdasein, einen Beruf auszuüben, der so männlich ist wie Kosmonaut, Stierkämpfer, Tiefseetaucher, Velokurier oder Bauarbeiter.

Liechti kostet es aus, dass eine einzige Fehlmanipulation seines Piloten sein Leben beenden und irgendein minderwertiger Kompromisskandidat, Panaschierkönig oder Zauderer seinen Platz einnehmen könnte.

Seine Frau verbietet ihm, die OSZE-Ministerkonferenzen für privatmotorisierte Runden auf Rennstrecken in Hockenheim, Le Mans, Estoril, Silverstone oder Monza zu nutzen. Wegen seinem schwachen Leistungsausweis als Schwimmer verzichtet Liechti auf den jährlichen Genfersee-Segeltörn mit dem Regierungskollegen Kocher. Dem Druck des Zürcher Wirtschaftsflügels ist er machtlos ausgeliefert. Bleiben ihm die Helikopterflüge, um sich seiner Männlichkeit zu erfreuen und Zeit und Musse zu finden, sich an seiner Sterblichkeit zu ergötzen.

Liechtis persönlicher Mitarbeiter wischt sich den kalten Schweiss von der Stirn und versucht, sich mit dringlichen Fragen der bilateralen Finanzmarktregulierung abzulenken, während der Pilot ins windstille Rheintal schwenkt und die plötzliche Reduktion der Gesundheitsgefahren am Arbeitsplatz Liechtis Vergnügen zu beeinträchtigen droht.

Wer weiss, was das Schicksal noch an Abenteuern für mich bereithält, denkt Liechti zuversichtlich, und beginnt, sich mit dem sentimentalsten Aspekt von Leben und Tod zu befassen: mit seinem Testament.

Ein Testament, wir wissen es, ist dazu da, Menschen zu belohnen, Menschen, die man gernhat, die das Leben reich gemacht haben, die einen weitergebracht haben – sie alle sollen von einem Testament profitieren.

Bundesrat Liechti sieht sein Umfeld vor sich, die Familie und die Kollegen aus Partei und Räten, und er findet, sein Testament könnte auch als eine Form der Bestrafung dienen. Die Menschen, die man weniger gernhat, die einem das Leben schwer gemacht haben, die einem im Weg gestanden sind, sie alle sollen an die Kasse kommen.

Gedenkt er seiner Bundesratskollegen, kommt Liechti schmerzlicherweise als erstes das offizielle Gesamtbundesratsfoto in den Sinn, worauf er nicht gebührend gewürdigt wird. Die Bundeskanzlei streitet zwar ab, er sei auf dem Foto weniger gut zu sehen – nicht schlechter als Bundespräsidentin Müller-Chirat und die Bundesräte Alberti, Möri, Gökdal, Kocher und Bonnet. Liechti findet aber, es komme nicht auf die Tiefenschärfe des Fotos an, sondern auf die Inszenierung.

Sein erster Satz im Testament, über den Dächern von Buchs ins Diktaphon diktiert: „Ich möchte kremiert werden und ich wünsche mir, dass meine Regierungskollegen die Asche aufteilen und an bestimmte Orte bringen, um sie dort zu verstreuen. Ich möchte, dass die Kolleginnen und Kollegen die Orte ohne motorisierte Hilfsmittel wie Auto oder Flugzeug erreichen. Kamele, Pferde, Ruderboote und Esel sind erlaubt. Die Asche soll in Alice Springs, Australien, in der Wüste Gobi, auf dem Gipfel des K2, auf der Insel Dixon in Sibirien, am Grab Bruno Mansers im Dschungel von Sarawak in Malaysia und im Marianengraben verstreut werden. Es ist meine letzte grosse Reise, und die Wanderschaft des divergierenden Kollegiums ermöglicht mir, den Tod mit einem positiven Bild zu verbinden. Ich weiss, dass ich mich auf meine Kolleginnen und Kollegen verlassen kann, wie auch sie sich die letzten Jahre auf meine Kollegialität viel zu oft haben verlassen können. Bundesrat Kocher hat in unzähligen Segelregatten seine Fähigkeiten unter Beweis gestellt. Möge ihn die Verstreuung meiner Asche im Pazifik mit wulstigen Schwielen versorgen, die ihn wochenlang daran hindern, sich an seine Hausorgel zu setzen."

Lange denkt Liechti darüber nach, wie er seine Kinder aus erster Ehe im Testament begünstigen will, doch nun beschliesst er, sie auf den Pflichtteil zu setzen und den übrigen Teil des Vermögens den Elefanten in Afrika, den Lemuren auf Madagaskar, den Meeresschildkröten auf Kreta, den Wildpferden in Südfrankreich und den Vipern im Tessin zu vermachen. Er erinnert sich an frühere Fassungen des Testaments und merkt, dass mit jeder neuen Fassung die Tierwelt besser wegkommt.

„Möge der Pflichtteil den Kindern helfen, bewusster und mit anderen Werten zu leben", diktiert Liechti frohen Mutes. „Ich habe zu Lebenszeiten vergeblich versucht, ihnen beizubringen, dass selbstverdientes Geld nicht unglücklich macht und in Mietwohnungen zu leben noch niemanden umgebracht hat. Selber zu arbeiten und eigene Erbmassen zu häufen wird es den Kindern ermöglichen, andere Menschen kennen zu lernen und mit Aufgaben versorgt zu werden, so dass ihnen nie langweilig wird. Meinen drei noch kleinen Kindern aus zweiter Ehe richte ich ein Ausbildungskonto ein, denn bei ihnen sollten sich Entwicklungen noch ins Positive wenden lassen. Meiner Ex-Frau und meiner jetzigen Frau lasse ich ausrichten, dass ich im Prinzip sehr glücklich mit ihnen gewesen bin – mögen sie diese Worte trösten, wenn ich nicht mehr bin. Das Leben ist ein Kreislauf. Eine Zeitlang ist man da, und versucht das Beste draus zu machen undsoweiter undsofort."

Liechti nimmt sich vor, seine Assistentin anzuweisen, geeignete Schlussworte für sein Testament zu finden, das Ganze abzutippen, es dem Notar zur Beglaubigung und ihm zur Unterschrift vorzulegen.

Der Pilot meldet den Grenzübertritt. In feierlicher Stimmung legt Liechti das Diktaphon weg und wendet sich seinem aschfahlen persönlichen Mitarbeiter mit Magenproblemen zu.

„Da unten, sehen Sie, Steiner?", fragt Liechti. „Die Liechtensteiner und ihre Sümpfe. Sie trinken Bier und die Mücken saugen es weg, bevor es der Leber schadet. So schauen Sie doch! Wäre es nicht eine viel zu leichte Aufgabe, müssten wir uns wünschen, unsere Asche hier zu verteilen?"

„Haben Sie die Absicht, mich zu quälen?"

„Ich will Sie doch bloss aufheitern!"

Kaum in Vaduz gelandet, rauscht Liechti mit seinem immer noch erhöhten Adrenalinspiegel ins Medienzentrum und verkündet der versammelten Presse, seine Gesetzesänderung nicht aufzugeben und höchstpersönlich einem Abstimmungskomitee vorzustehen, um den Artikel via Volksinitiative in die Verfassung zu schreiben. Alles, was zu seinem Gesetz habe gesagt werden müssen, habe er den Räten gesagt. Weil sie nicht zugehört hätten, werde er den Stimmberechtigten halt alles noch einmal erklären.

„Zurück in die Schweiz, Steiner!", sagt Liechti.

„Was ist mit dem Termin beim Fürsten?"

„Egal. Der Helikopter wartet."

Steiner schweigt tapfer.

IV

Bundesrat Liechti ist deprimiert. Er sitzt auf der Latrine in der Blüemlisalp-Hütte ob Kandersteg auf 2800 Metern Höhe und friert sich den privatversicherten Hintern ab.

Auf Einladung von Bundespräsidentin Müller-Chirat verbringt die Regierung der Schweiz ihre traditionelle zweitägige Bundesratsreise in den Kantonen Bern und Wallis, die Nacht in der SAC-Hütte. Wäre Bundesrat Liechti nicht hochkonzentriert damit beschäftigt, sich mit der in Längsstreifen gerissenen Berner Zeitung zu säubern, würde er in Tränen ausbrechen ob der Vorstellung, diese Nacht mit den von jeglichen Sachkenntnissen unbeschwerten Bundesratskollegen Kocher, Möri und Alberti schlaflos im Männerschlag zu verbringen.

Bundesrat Liechti hasst den jährlichen Bundesratsausflug. Am Nachmittag sind sie beim Tellerli-Lift des Sunnbüels gestanden. Liechti und Bundesrätin Gökdal haben verhaltensgestörte Skilager-Schüler aus Pruntrut mit Bällen, Reifen und Skistockrennen in die Schweizerische Zivilgesellschaft integriert. Die Skischüler haben die Bälle, Reifen und Skistöcke im Schnee vergraben, und weil der holländische Fotograf der Schweizer Familie den Helm zuhause vergessen hatte und ohne diesen der Bundespräsidentin nicht die schwarze Piste hinab folgen mochte, musste Liechti der Skilehrerin helfen, alles wieder auszugraben und dabei landesväterlich in die Kamera lächeln.

Im Bergrestaurant am Mittag gab es Fitness-Salat und Roggenbrot-Sandwich mit Gurken und Margarine. Da kratzte Bundesrat Liechti die Etikette am Rivella ab und begann, auf der Rückseite das Für und Wider eines Rücktritts zu notieren. Eine Liste, die er nun auf dem Plumpsklo hervornimmt und in der Pro-Rücktritts-Spalte um den Punkt „Der Bergwind weht mir das Schiissi-Papier den Rücken hoch“ erweitert.

Zurück in der Hütte ruft ihm Bundespräsidentin Müller-Chirat zu, er solle erstens die Tür schliessen, zweitens Hüttefinken anziehen und drittens den Knoblauch fürs Fondue schneiden. Bundesrätin Gökdal hat seit dem nachmittäglichen Scharmützel mit den jurassischen Béliers eine schwere Migräne, und Gesundheitsminister Alberti pflegt sie mit Arnika-Kügeli und Notfall-Täfeli.

Bundesrat Kocher diskutiert mit Bundesrat Möri, wohin wohl die Crémant-Schokolade fürs Dessert verschwunden sei. Beide blicken vorwurfsvoll zu Bundesrätin Bonnet, und zumindest Kocher nimmt sich vor, in der nächsten Bundesratssitzung Bonnet mit ihrer Steuerrevision hängen zu lassen.

Bundesrat Liechti schneidet Knoblauch mit dem Hüttenwart, der ihm zum dritten Mal erzählt, dass er mit Adolf Ogi verwandt sei, und Liechti sehnt sich nach Teigwaren daheim bei seiner zweiten Frau und den drei kleinen Kindern. Lieber als ein Fondue mit den Regierungskollegen wären ihm nun sogar Linsen und Bohnen bei seiner ersten Frau und den zwei nichtsnutzigen erwachsenen Kindern. Als der Hüttenwart seine Nase mit dem Handrücken abputzt und danach das Brot schneidet, wäre Liechti sogar lieber bei einer Parteiversammlung seiner verhassten Partei, die das bundesrätliche Ruhegehalt kürzen will – dies ein Kontra-Punkt auf Liechtis Rücktrittsliste.

Liechti schüttet das fünfte Glas Weisswein hinunter und seine Prostatavergrösserung zwingt ihn, im Licht der Öllampe nach seinen schwarzen Winterstiefeln unter sieben Paar schwarzer Winterstiefel zu suchen und den vereisten Weg zur Latrine erneut in Angriff zu nehmen. Die Latrine ist besetzt. Bundesrat Kocher schaut sich auf dem Handy sein Streitgespräch mit dem deutschen Aussenminister auf SRF an und hört den klopfenden und klagenden Liechti nicht. Voller Zorn ob all der unkollegial ausgelebten Partikularinteressen Kochers stapft Liechti in den Schnee hinaus und würde gern ein Hakenkreuz in den Schnee schiffen. Wenigstens einmal möchte er auch einfach wieder Bub sein dürfen und die Sau rauslassen. Er ist sich aber nicht sicher, ob nicht morgen früh die Journalistinnen mit ihnen hier oben frühstücken, Enthüllungsjournalismus betreiben und seine Regierungsbeteiligung in Frage stellen könnten.

Frühstück, denkt Liechti, wenn es nur schon soweit wäre! Dann nur noch ein sinnloser Ausflug ins sinnlose Wallis auf den Simplon, und der Bundesratsausflug wäre ein weiteres Mal überstanden. In der Stube sieht Liechti den Hüttenwart an den Fondue-Rechauds hantieren. Bundespräsidentin Müller-Chirat erklärt Migräne-Rätin Gökdal die Regeln des Brettspiels Helvetia, und Liechti erinnert sich an den letzten Bundesratsausflug, als er dieses verfluchte Spiel zwei Stunden lang lernen musste und am Ende keinen blassen Schimmer hatte, weshalb wer wieso und wie gewonnen hatte. Es war wie an einem Abstimmungswochenende.

Wenn er ehrlich ist – und Liechti ist jetzt auf 2800 Metern Höhe im Licht der Sterne und mit zurückgezogener Vorhaut keinen Wählerschichten verpflichtet – wenn er ehrlich ist, hasst Liechti Brettspiele, Bundespräsidentin Müller-Chirat, Direktzahlungen an Tellerli-Lift betreibende Bauern und überhaupt alles über zehn Meter über Meer. Liechti brunzt etwas in den Schnee, das wie die Stimmungskurve seiner ersten manisch-depressiven Frau aussieht, und mit Erfrierungen dritten Grades an der Eichel betritt er die Stube in der Hütte, sucht sein Weissweinglas und findet den Kirsch, mit dem er sich auf den Ofen zurückzieht und sich zwischen den Haufen aus Skihosen und Handschuhen eine politische Auszeit nimmt.

Ein Hot Pot, denkt Liechti, ein Hot Pot wäre nun genau das Richtige: sich ins heisse Wasser legen und sich wie ein römischer Senator die Pulsadern aufschneiden.

V

Liechti sei ein Heuchler, heisst es hier und da. Beim Sponsorenlauf rund ums Bundeshaus unter dem Motto „Ich laufe, damit Minenopfer wieder gehen können“ habe er den Organisatoren geizige zehn Franken pro Runde zugesagt und noch vor Vollendung der vierten Runde mit vorgetäuschter Atemnot aufgegeben.

Solche Charakterschwächen will sich Liechti nicht länger nachsagen lassen. Er besucht das Antikenmuseum in Basel, um sich einmal ernsthaft für Kultur zu interessieren. Nicht nur beruflich und dem Anschein nach, sondern privat und mit offenem Herzen. „Nie ist es zu spät“, hat er am Vorabend in seine Autobiografie-App getippt, „dem Gemälde seines Lebens ein paar belebende Striche zu geben, auf dass darauf wenigstens Spuren guten Willens sichtbar werden."

Unter all den Relikten untergegangener Kulturen ist Liechti nicht wohl in seiner Haut. Die orientalischen Göttinnen, syrischen Idole und ägyptischen Katzenmumien geben ihm das Gefühl, dass da etwas über ihm steht, was gesellschaftspolitisch nicht zu lenken ist. Während ich Budgets debattiere, Steuerschlupflöcher stopfe und mein bundesrätliches Ruhegehalt verteidige, spielt ein „Jenseitiges" mit mir, denkt Liechti.

Ein Lindwurm aus Schülerinnen schiebt sich an ihm vorbei. Am Schwanzende des Lindwurms ist ein Mädchen stehen geblieben und staunt mit unverhüllter Neugier einen meterlangen, zweitausendjährigen Papyrus an.

„Was ist denn das für ein Plakat?", fragt die Schülerin.

„Das ist das Totenbuch eines Pharaos", liest Liechti von der Wand ab. „Eine Sammlung von Sprüchen, die dem Verstorbenen mit ins Grab gegeben wurde. Ein Pharao ist der Bundesrat der alten Ägypter."

„Aber was steht da?", fragt die Schülerin.

„Grüss dich, Pharao, steht da", improvisiert Liechti. „Wir bieten dir in dieser Info-Broschüre leicht verständliche Tipps für die Reise ins Jenseits. Tipps zum Umzugskartonkistenfalten findest du auf Papyrus-Abschnitt 4. Infos zur Übergabe der Pyramide – was heisst eigentlich besenrein? – findest du auf Papyrus-Abschnitt 6."

Die Schülerin grinst von einem Ohr zum anderen. Im nächsten Moment scheucht sie eine aufgeregte Lehrerin weg. Die Schülerin wendet sich kurz um und zwinkert einem glücklichen Liechti zu. „Das Gewicht des Tages ergibt sich selten aus den Hauptgeschäften", tippt Liechti am Abend in die Autobiografie-App. „Die Begegnung mit einem jungen, bildungshungrigen Menschen gibt dem Tag seinen Glanz, liegt wie Goldstaub über ihm." Und bar jeden Zusammenhangs endet der Eintrag: „Es hat etwas Subversives, in Basel zu sein und den Rhein nicht zu sehen."

Erste Sätze der verworfenen Great Swiss Novel

Zellweger war vierzig und Kreditberater in einer Bankfiliale – was nicht weiter ungewöhnlich ist, verbringen doch viele Kreditberater ihre Arbeitszeit in einer Bankfiliale.

Über den Wolken war das Ozonloch mit den Händen greifbar, aber der Pilot konnte nichts dagegen tun.

Ich kann mich noch immer nicht heimlich anschleichen, dachte die Katze.

Als Antonia auf den Balkon eilte, um schleunigst das Basilikum vor der Sturmböe in Sicherheit zu bringen, traf sie dort ihren alten imaginären Freund Fred.

Seit Jahren tanzt der Grubenarbeiter auf einem dünnen Seil hoch über dem Abgrund.

Seit Mittag arbeitet mein Hirn aus Angst, an das Falsche zu denken, nicht.

Bundesrat Liechti drehte sich zum Fenster. „Schaut her. Da."

Robert hatte eine schöne Kindheit gehabt.

Sozialarbeiter huschten die Mauer entlang wie Ratten durch vermüllte Hoffnungslosigkeit.

Das Böse war wie plötzlich da.

Letzte Sätze der verworfenen Great Swiss Novel

Das Böse war wie plötzlich weg.

Und so endete Roberts erstes Zusammentreffen mit einer Pizza. Erst Jahre später sollte er dieses Gericht wieder zu sich nehmen, wachsam und mit Bedacht.

Und wieder war Bundesrat Liechti unvorsichtig genug, im falschen Moment zu bleiben, statt zu gehen.

Vögel pfiffen so munter, dass Antonia und Fred gezwungen waren, mitzupfeifen; pfeifend gingen sie weiter, bis sie nur noch als kleiner Punkt am Horizont zu sehen waren.

„Gut", sagte Zellweger, „dass man den Behörden in unserem Land noch vertrauen kann."

In der Abendröte erklingt ganz leis die Zauberflöte.

Christoph Simon, geboren 1972, lebt als freier Schriftsteller und Kabarettist in Bern. Er ist Gewinner des Salzburger Stiers 2018 und zweifacher Schweizer Meister im Poetry Slam. Seine Romane (u. a. *Spaziergänger Zbinden, Franz oder Warum Antilopen nebeneinander laufen*) sind in mehrere Sprachen übersetzt und mit verschiedenen Preisen ausgezeichnet worden.
In der Edition BAES sind schon seine Gedichte erschienen: *ein pony in nachbars park, ein rennpferd in meinem.*

Inhalt

Elias Schneitter &
Helmuth Schönauer (Hg.)

AUSTRIAN BEAT

Edition BAES 2018
Paperback, 276 Seiten
ISBN 978-3-9504419-5-6

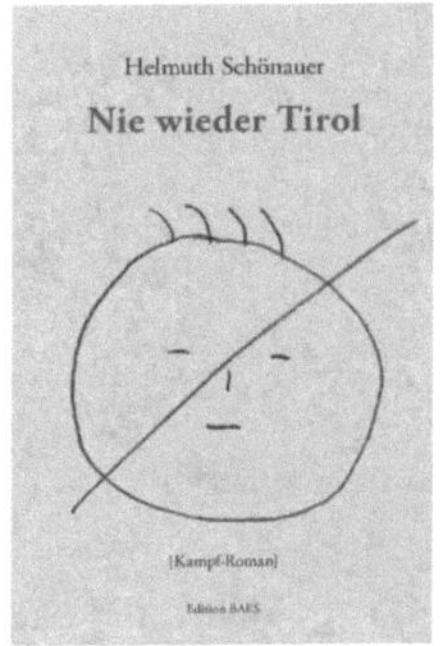

Helmuth Schönauer

Nie wieder Tirol

Edition BAES 2018
Paperback, 144 Seiten
ISBN 978-3-9504419-6-3

Arno Heinz

Samowar & Huflattich

Edition BAES 2019
Paperback, 96 Seiten
ISBN 978-3-9504419-7-0

Elias Schneitter

Fußball ist auch
bei Regen schön

Edition BAES 2019
Hardcover, 84 Seiten
ISBN 978-3-9504833-2-1

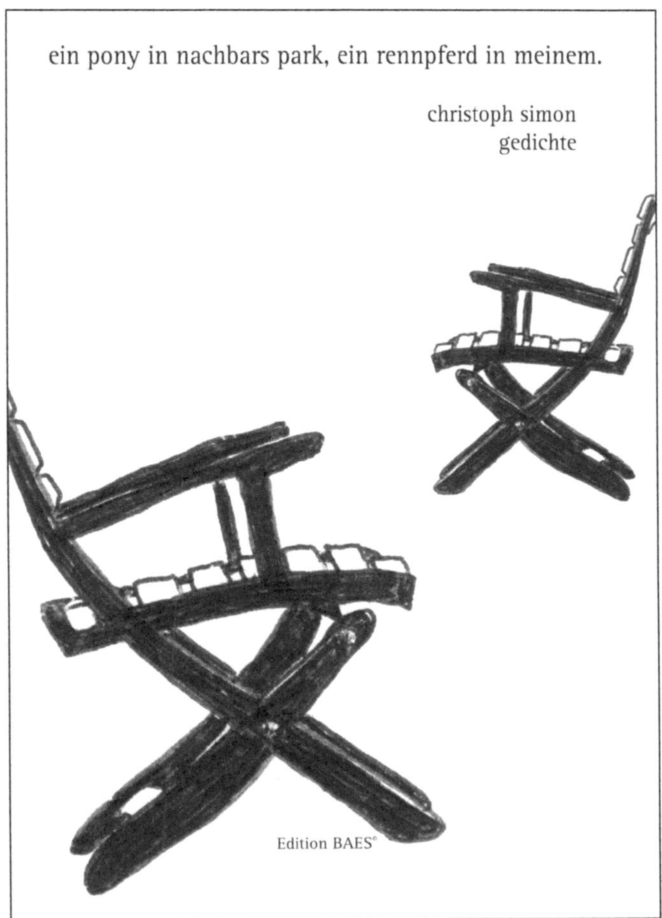

Christoph Simon

ein pony in nachbars park, ein rennpferd in meinem

Edition BAES 2017, 2. Auflage
Paperback, 60 Seiten, ISBN 978-3-9504186-7-5

www.edition-baes.com